# 爱之魂

苗锋 著

Dixie W Publishing Corporation U.S.A.
美国南方出版社

*爱之魂* / 苗锋 著

责任编辑：向　珲
版面设计：张　蕾

© 2023 by Feng Miao

Published by
Dixie W Publishing Corporation
Montgomery, Alabama, U.S.A.
http://www.dixiewpublishing.com

All rights reserved.
No part of this book may be reproduced in any form or by any electronic or mechanical means including information storage and retrieval systems, without permission in writing from the publisher. The only exception is by a reviewer, who may quote short excerpts in a review.

本书由美国南方出版社出版
• 版权所有　侵权必究 •
2023 年 5 月 DWPC 第一版

开本：178mm x 127mm
字数：30 千字
Library of Congress Control Number: 2023936189
美国国会图书馆编目号码：2023936189

国际标准书号 ISBN-13: 978-1-68372-531-2

作者简介

作者苗锋，中国对外翻译有限公司（原中国对外翻译出版公司）翻译和编辑，副译审，翻译出版过多部译作，其中翻译的《天才引导的历程》一书在 2000 年"科学家推介的 20 世纪科普佳作"活动中获得科学家推介。除此以外，还为中央电视台影视频道翻译过几十部电影。现已退休。退休后开始创作刑侦推理小说。

## 内容简介

某女子艺术学院的几个女学生被同时发现怀孕，但这些女学生都是大家公认的好学生，而且从未谈过恋爱，也从未发现她们与任何男性有过任何性质的来往和接触，更谈不上与任何男性有任何的暧昧关系，案情离奇且不可思议。为侦破案件，女子刑警队在分队长顾亚男的带领下，派遣女侦察员孙媛媛等先后入住女生宿舍，与这些女学生同吃同住同上课，试图找到破案线索。然而，随之发生了一系列匪夷所思的现象，特别是女侦察员李娜的离奇死亡，李娜身体中残留的神秘精液，其 DNA 直指已死亡两年之久的党建华，是人是鬼？扑朔迷离⋯⋯

# 爱之魂

## (上)

## 1. 晴天霹雳

"不,这绝对不可能!护士,这一定是搞错了!"雷小娅举着刚拿到的化验单,急切地追着护士叫喊。护士轻蔑地看了她一眼,甩下一句话,转身走了:"有什么不可能!自己干的事,自己还不知道?!"

雷小娅拿着化验单,呆呆地站着,突然"哇"的一声大哭了起来。呆站在一旁的刘雯雯和杜青青围了过来,三个女孩子一起抱头痛哭。

雷小娅、刘雯雯和杜青青都是某女子艺术学院二年级的学生,她们住在同一个寝室,平时上课、吃饭、洗澡、睡觉,做什么都粘在一起,形影不离。这不,生病也要一起生。三个女孩子都是两个多月没来"大姨妈"了,于是一起去医院看医生。化验单出来了,"妊娠阳性",三个女孩子都被诊定为怀孕。

这一下在学校里炸了窝,学生们交头接耳,议论纷纷,对三个女学生造成了很大的压力。问题很快反映到学院领导,领导分别与这三个同学谈过话,感到问题十分严重。雷小娅、刘雯雯和杜青青这三个同学都是学校公认的好学生。三个女孩子都还没有谈过恋爱,从没有男朋友,也都没有发现与任何男人有过任何来往。三个女孩子对于被诊断为怀孕都感到十分震惊,也都感到莫名其妙,不知所措。学院领导又派人带她们去其他医院检查,结论同样是"怀孕",看来诊断是没有错误的。再三问这三个女孩子,她们都只是痛哭不止,都一口咬定,从未与任何男人有过来往,更不知道怎么会怀孕。学院领导感到这其中一定有重大的隐情,一定有重大的性侵害犯罪案情,于是,学院领导一面安排校医陪同三个女孩子做人流,一面向公安局报了案。

刚刚进入6月,天气开始热起来了。太阳照在身上,懒洋洋的,让人困意朦胧。然而,顾亚男却完全没有睡意,她与孙媛媛一起精神高度紧张地分析着案情。顾亚男,42岁,市公安局刑警大队女子分队的分队长。她原是武警某部的中队长,后调到刑警大队做刑警工作，也已有十多年了，曾多次参加过重大案件的侦破工作，立三等功两次、二等功一次，被评为市模范刑警。现在，她又接手了这件十分复杂而棘手的案件。

某女子艺术学院女生宿舍南5楼204号寝室的三名女学生同时发现怀孕。女学生在上学期间怀孕，学校一般做开除学籍处理。但这次情况不同，学校感到疑点很多，可能涉及重大恶性性侵害案件，所以报了警，由公安局涉入调查。公安局接到学校报警后，十分重视，为工作方便，派经验丰富的女子刑警分队长顾亚男负责牵头，带领女侦察员孙媛媛等，共同侦破这一案件。

顾亚男队长与学院领导、系领导及三名女生的同班同学进行了广泛的调查了解，又与三位女生分别谈话，经过了几天的调查，越发感觉案情复杂，且不可思议。这三位女同学都是大家公认的品学兼优的好学生，其中雷小娅还是班长，刘雯雯是班上的文体委员，只有杜青青不是班干部，但也是大家公认的好学生。不论领导，还是同学，都一致反映，从未发现这三位女学生与任何男性有过来往。她们一直住在学校宿舍，每天认真上课，晚上在自习教室学习到很晚。即使星期六或星期日休息时，也很少离开学校。即便是上街买东西,也是与很多女同学一起出去,一起回来,从未发现她们在校外与任何男性接触。

　　分别与三位女学生的谈话,也没有发现什么可疑的情况。这三个学生都是18岁,都从未谈过恋爱,也都从未交过任何类型的男性朋友。也就是说,在她们的生活中,都从未密切接触过任何男性,更不要说有什么暧昧关系了。但是,没有男性介入,怎么可能怀孕?是不是她们一起隐瞒了什么情况,或是有什么难言之隐?

　　发现时,三个女学生都已怀孕两个多月,也就是说,是在第二学期开学后怀的孕。这就排除了在寒假期间在家里怀孕的可能性。但开学后,三个学生都一直住在学校的女生宿舍里,并未出现任何男性,三个学生为什么会一起怀孕了呢?顾队长百思不得其解。现在,关键的关键,是要从三个女学生打开突破口,让她们放下包袱,敞开思想,说出究竟是谁使她们怀的孕。

　　顾亚男有一个13岁的女儿,刚刚上初中。她毕竟已是过来人,分别与三个女学生深入地交心,连女孩子难于启齿的一些问题也都深入地交谈过。她发现,这三个女孩子都谈到了一个共同的问题,这就是，近两个多月来，她们全都多次地梦到过性爱。我们知道，男孩子在青春期大多有梦精的经历，其实，女孩子也一样。处于青春期的女孩子也会做春梦，也会梦到性爱。这很正常，没有什么可指责的。但是，做春梦就会怀孕吗？这却是任何人也不可能相信的。而且，顾队长从这三个女学生的深入谈话中发现，这三个女孩子实际上对性爱的事情并不是十分了解，似乎并未真正体验过性爱。无性交怀孕，这怎么可能？又不是《西游记》里的女儿国！

顾队长对三个女学生的宿舍进行了仔细的检查。这所女子艺术学院全部学生都是女生，没有男学生。教师也大多是女老师，只有很少的几个男老师。学校实行封闭式管理，所有学生都必须住校。学生大多是外地人，整个学期都住在学校里，只有寒假和暑假时才能回家乡。这三个女学生也都家在外地，雷小娅是湖南人，刘雯雯是重庆人，杜青青家住吉林。

学校的宿舍区共有10栋女生宿舍楼，每栋楼共6层，没有电梯。10栋女生宿舍楼全都是南北朝向，沿一条东西方向的大道在大道北面分两排排列，每排5栋楼房。南5楼是南边那排楼房从东边数的第5座楼房，或者说是从西边数的第一座楼房。204室在楼房的二层，离楼梯不远。南5楼与其他女生宿舍楼一样，楼门在北面，楼梯就在一楼楼门值班室的斜对面。楼门旁边就是值班室。值班室的两面都有玻璃窗，坐在值班室可以很清楚地看到通往204房间的楼梯口。女生宿舍楼是从来不准任何男性进入的。值班室里24小时有楼管阿姨轮流值班。据值班室的楼管阿姨介绍，从未有任何男性进入过女生宿舍楼，更是从未发现有任何男性进入过204房间。

204房间的窗户朝南，窗户上有两层窗帘，一层是半透明的白色窗帘，另一层是深绿色的厚重窗帘。窗户外面是从宿舍区通往教学区的一条东西方向的大道。大道两旁种有很多树木和花草，路灯明亮。大道的对面是教师宿舍，也就是说，教师宿舍是在大道的南面，与女生宿舍隔大道相望。教师宿舍也是沿大道排列，共5栋楼房。每栋楼房也是6层，没有电梯。与学生宿舍不同的是，教师宿舍是单元式公寓，每个单元只有两户。每栋楼是4个单元。南5楼的西边是学生浴室，学生们集中在这里洗浴。学生浴室每晚7点半开门，10点关门，只有两个半小时。相比之下，教师宿舍每户都有洗澡间，教员可以在宿舍里洗澡。学生浴室的对面是学生与教师共用的食堂。女生宿舍的南5楼与教师宿舍的教5楼相对。从南5楼204室窗户可以看到对面教

5楼的1单元。1单元是男教师宿舍。只有这一个单元的12户是男宿舍，住有8名男教师和4名男职工，其他单元全部是女教师和女职工的宿舍。那么，会不会是有人夜里潜入204室，对三个女学生进行了性侵害，而女学生又羞于启齿呢？

## 2. 英语老师

通过广泛的调查,有一个情况引起了顾队长的高度注意。有几个女学生反映,曾发现对面教5楼1单元二楼住的男老师用望远镜偷窥对面的女生宿舍。雷小娅也说过,有一次晚上她去关窗帘,发现对面二楼的男老师洗完澡光着身子在屋里走动,而他屋里灯光明亮,又大开着窗帘,吓得雷小娅赶紧拉上了厚窗帘。显然他是有意暴露给对面的女学生看。

通过调查,对面二楼住的男老师是年青的英语老师刘斌。刘斌,28岁,未婚,博士研究生毕业,两年前进入女子艺术学院任英语教师。刘斌老师平时少言寡语,很少与人交流,但教学认真,普遍受学生欢迎。关于刘斌的露阴问题,其他女学生和女老师也都有所反映，有时刘斌会故意向女老师和女学生暴露下体，但却并未发现他有进一步的其他下流行为。刘斌从不单独与女学生接触，有学生问他问题时，也总是在办公室等公开场合谈话，他从不让女学生到他宿舍去，也从未发现刘斌与任何女性有过任何的暧昧关系和暧昧行为。

对于刘斌的露阴问题，学校领导曾多次找他谈话，严厉批评他，甚至也给过他处分。但刘斌总是不能改，虽然他过后也感到痛苦万分，但到时又控制不了自己。刘斌虽然有露阴的毛病，但却从未发现他对任何女性有其他的侵犯举动，构不成犯罪。学院领导对此也非常头疼，多次教育，仍无效果，弄得学院领导也不知怎样处理才好。况且，刘斌的教学很好，受到学生的普遍欢迎，学院领导因而也暂时没有调离他的打算。

顾亚男与孙媛媛一起直接找刘斌谈话，希望能从中找到破案的线索，然而，刘斌在她们面前痛哭流涕，表现出深深的自责与懊悔。刘斌告诉她们说，他是农村孩子，家里还有一个比他大8岁的姐姐。由于他是家里唯一的男孩子，家里人都十分宠爱他。在他小的时候，大人们经常逗弄他，让他露出"小鸡鸡"给她们看看，就连比他大8岁的姐姐也经常要看他的"小鸡鸡"。长大后,他就常常不自觉地在女性面前露阴,看到女性惊慌地掩面奔逃,心里会有一种性满足感。刘斌自己也知道这样做非常不道德,也多次痛下决心要改,但却总是改不了。

为解开这个迷,顾亚男与孙媛媛一起来到某医院的心理诊室咨询。心理诊室周主任接待了她们。周主任告诉她们,露阴癖是一种心理疾病,对于发病原因,目前尚无定论,一般认为原因有以下几种:一是从种族个性发育角度来看,露阴癖是原始性行为的释放;二是与环境密切相关;三是幼年经历。这种行为与幼年经历关系密切。许多露阴癖患者在幼年时都有与异性或同性小伙伴互摸外生殖器、裸体或在成人面前炫耀生殖器、看异性成人裸浴或大小便等经历。成年以后,这些幼年时取乐性的性经历依然存留在潜意识中,以至一旦遇到性压抑或重大精神创伤,且由于个性缺陷无力化解时,便不自觉地用幼年的方式来解除和宣泄成年的烦恼。这是露阴癖等性变态心理和行为产生的主要原因之一。许多露阴癖患者的性心理发育远未达到成熟水平,幼年经历依然影响其成年后的性欲满足方式。四是性格上的缺陷,如过于内向、适应性差和婚姻的失败也是露阴癖产生的原因之一。性格情绪常常与性变态心理和行为有着互为因果的关系。许多露阴癖患者的性格上都存在某种缺陷,特别是性心理发育不健全,表现为拘谨,孤僻,怕羞,少言寡语,见到女性就脸红或从不与女性开玩笑,加之性知识贫乏,常常用儿童式的幼稚性行为来解决成年人的性欲问题。此外,也不排除精神发育不全及精神病患者的所为。

周主任表示,不少类似刘斌的患者来医院心理诊室求助。露阴癖患者的意识大都是清楚的,因此他们在事后往往很懊恼,特别是被人当作"流氓"抓起来后更是羞愧难当。但面对露阴冲动时,又难以控制自己,常常是冲动战胜理智,出现反复作案的现象。一般来说,露阴癖的治疗效果与患者发作的次数和病史有关,首次作案即被发现并进行治疗和处罚的,其效果明显;作案次数越多;越难治疗。从目前对露阴癖患者的治疗情况来看,一般来说,以心理治疗效果最佳。如露阴癖、挨擦症、窥阴癖等,通过认知领悟疗法、行为疗法等,患者一般都可治愈。

周主任同时表示,不少人遇到露阴癖者的骚扰时,很害怕、不知所措。其实,露阴癖不过是一种性心理变态反应,露阴癖者少有攻击性和暴力倾向,事后都会很后悔懊丧,但当时却难以自控。"遇到露阴者不必惊慌,事实上你越不惊慌,他的反应程度越低。"周主任说,不少露阴者会觉得无趣而结束露阴行为或快速离开。如果能保持镇静,很平静地对他说"你这是露阴癖,是一种心理疾病,应该找医生治治",效果会更好。

接着,周主任又向顾亚男她们简单介绍了对露阴癖患者的几种治疗方法。如,厌恶疗法,即诱使患者在想象露阴行为的同时,给以恶性刺激,如用电流或橡皮圈等刺激手腕、皮肤乃至生殖器官,或肌肉注射催吐药使其呕吐,破坏患者病理条件反射,以强化抑制直到消退已建立的条件反射。

认知领悟疗法。引导患者回忆幼年的有关生活经历,寻找露阴癖产生的根源,然后由浅入深地分析认识露阴行为的危害性及产生的机理,使患者认识到此行为是儿童时期性游戏行为的再现。幼年时性取乐行为的性经历虽已忘记,但并未消失,还留存在潜意识中。少数自幼年起性心理始终未达成熟的患者,即幼年式的性活动始终未间断者,也应使其认识其行为的幼稚性。通过咨询谈话,使患者认识到,成熟的性行为是以两性的生殖器性交来满足性心理的,不以异性人为对象、或不以两性生殖器性交方式来获得最高性心理满足的行为,都是变态的。在认知领悟的情况下，大多数患者都能使自己的性心理成熟起来，从而矫正性变态行为。进行科学的性教育和努力培养健全的性格也是预防和治疗露阴行为的方法之一。

## 3. 鬼交

  顾亚男非常感谢周主任的热情接待和详细讲解，告辞后离去。看来应该帮助刘斌进行心理治疗。露阴癖的问题弄明白了，但同时这条线索也就断了。刘斌虽然有不雅的露阴行为，但却没有直接的性侵害犯罪，并不能造成三个女学生的怀孕。那么，究竟是谁使这三个女孩子怀孕的呢？为深入了解案情，刑警队研究决定，让女侦察员孙媛媛入住204室，与三个女学生同吃、同住、同上课，以寻找新的破案线索。

  孙媛媛，23岁，公安大学刚毕业不久，未婚，且没有男朋友，从未谈过恋爱，与三个女学生年龄相仿，经历相仿，容易深入接触。孙媛媛住进204

室的第一天，她与三个女学生一起上课，一起吃饭，都没有发现什么异常。晚上，与三人一起去公共浴室洗完澡后，回到寝室。204室与其他女生宿舍一样，共有四张床。每个学生有一个床位，共分上下两层。上面是睡觉的床铺，床铺的下面是学习用的小桌，成为一个单独的学习小间，可以放学习用的书本和电脑。电脑可以上网。204室只住了三个学生，所以，还有一个床位是空的，可以让孙媛媛使用。

　　孙媛媛的1号床位是靠窗户的，窗户外面是一条大道，大道的对面是教师宿舍。从204室的窗户可以清楚地看到对面教师宿舍2楼刘斌的房间。孙媛媛走到窗前，打算拉上窗帘。她无意中朝对面看了一眼，清楚地看到刘斌正在做哑铃操。刘斌只穿着短裤和背心，认真地举着哑铃在做哑铃操。他健壮的身体和强健的肌肉，透露出一种强烈的男性气息。孙媛媛看了，心中不禁感到一热，脸微微地红了。她赶紧关上窗户，拉上窗帘，回到床位。孙媛媛躺在床上，却久久不能入睡，脑海里总是盘旋着刘斌健壮的身影，挥之不去。雷小娅她们三个都已进入了梦乡，发出了轻轻的鼾声。"我这是怎么了？"孙媛媛心里也在嘲笑自己，拉上被子，闭上眼睛，渐渐睡去。

爱之魂

睡梦中，孙媛媛清楚地感觉有一只手，一只男人的手，在揉摸自己的乳房。她猛地惊醒，睁开双眼。房间里一片漆黑，什么也看不见。孙媛媛迅速从枕下抽出手枪，跳下床，打开房间的灯。房间亮了，房间里除了她们四个女生外，什么人也没有。孙媛媛仔细地检查了房门，门是锁着的。检查窗户，窗户也是关好锁上的。再检查四个人的床上床下以及房间的各个角落，什么都没有发现。房间只有这么大，孙媛媛仔仔细细地检查了两遍，确实没有发现任何异常，只好关上灯，再上床躺下。

迷迷糊糊中，孙媛媛又清清楚楚地感觉有一只男人的手在揉摸自己的下体。她再一次惊醒，打开房间灯，仔细检查，仍然什么都没有发现。好生奇怪。孙媛媛不敢再睡了，她关上灯，重新躺在床上，睁大双眼，想看看究竟会发生什么。

房间里漆黑一片，安静极了，只有雷小娅三人睡梦中轻轻的呼吸声。孙媛媛瞪大着眼睛，警惕地注视着四周，但过了很长一段时间，什么也没有发生，什么也没有出现。渐渐地，孙媛媛感觉视线模糊了，头脑迟钝了，迷迷糊糊闭上了眼睛。刚一闭上眼，就清楚地感觉有一双大手在她的身上游走。孙媛媛猛地惊醒，睁开双眼，仍然是什么也没有。再闭上眼，又感觉有一双手在抚摸她，再睁开眼，还是什么也没有。如此三番，孙媛媛索性不去管他了，闭上眼睛看看还会发生什么。迷迷糊糊中，一双男人的大手上上下下揉摸得孙媛媛意马心猿，浑身燥热，感到一种从未有过的快感，她不由自主地配合着，任其所为，直至高潮。

第二天，像是什么都没发生过一样，孙媛媛仍旧像昨天一样与雷小娅三人一同上课，一同吃饭，一同上晚自习。但不知怎么了，孙媛媛却在热切地渴望着夜晚的到来。熄灯了，宿舍里一片漆黑，仍像昨天一样，孙媛媛只要闭上眼睛，就会感觉有男人在爱抚她。睁开眼睛，依然是什么都没有。孙媛媛不再劳神去寻找，索性闭上眼睛享受。身体内的强烈冲撞，带来的一阵阵快感，孙媛媛已完全溶化了，欲仙欲死，不能控制自己。

第三天，分队长顾亚男来到女子学院，问孙媛媛这两天发现什么线索了没有，孙媛媛回答说没有发现任何异常。老练的顾队长似乎从孙媛媛不大自然的表情中发现了什么蛛丝马迹。在顾亚男的一再追问下，孙媛媛才不得不承认这两天自己似乎在与鬼做爱的经历。

爱之魂

## 4. 疑案

刑警队感到问题严重，且案情十分复杂。为进一步寻找线索，揭开迷雾，刑警队决定撤回孙媛媛，并由刑警队分队长顾亚男亲自带队，由女侦察员李娜配合，一起进住204室。孙媛媛原使用的1号床位由分队长顾亚男使用，女侦察员李娜则带了一个折叠式行军床。平时折起来放在墙角，晚上睡觉时再打开。

李娜，28岁，复员军人，已婚。丈夫是解放军驻南疆某部少校营长。作为军人的妻子，虽然光荣，却是聚少离多。李娜虽已结婚两年，但与丈夫真正在一起的时间却是屈指可数。所以，结婚两年了，她们还一直没有孩子。

白天,顾亚男和李娜仍与雷小娅等三个同学一起上课,一起吃饭,一起上晚自习。下晚自习后,她们一起去南5楼西边的女生公共浴室洗澡,洗完后一起回南5楼宿舍。

"唉,这不是李娜吗?好久不见。你怎么到这儿来了?"

"罗老师,我们到这儿来办事。我来介绍一下,这位是我们分队长顾亚男。这位是我以前的形体课老师罗小燕。"

"罗老师,你好!"

"分队长,你好!"

"我还有事,你们先聊吧!"

顾亚男说完与雷小娅她们一起先回寝室了,留下李娜与罗小燕继续说话。

"我们有三年多不见了吧?"

"可不是吗?时间过得真快。"

"记得那时你好像刚复员,还没找到工作。"

"是呀,大学毕业当了两年兵。刚复员时没事干,所以去上形体课呀!"

"现在过得怎么样?还好吧?"

"还行吧,就是最近查出心脏有点不太好,不过,也没那么严重。"

"走吧,到我宿舍去,咱们好好聊聊。"

"好吧。不过,不能聊得太久啊,我还有事。"

"不会耽误你的事的。就算是到我那里参观参观。"

"好吧。"

一个多小时以后,李娜才回到204寝室。头发有点零乱,脸上红红的,呼哧呼哧地喘着气。

"我到罗老师的宿舍坐了一会儿,就赶紧跑步回来了。"李娜一进门就马上向顾亚男报告。

"这个罗老师是怎么回事?你们是怎么认识的?"顾亚男出于职业习惯,凡事都要弄清楚,而且,她虽然与罗小燕只见了这一面,却感到似曾相识,好像在哪里见过似的。

"罗小燕以前是舞蹈演员,后来,脚受伤骨折,就不再当演员了。自己开了一个形体训练班。我那时刚复员,还没有工作,闲得没事,就报名去形体班上课。后来,到公安局工作了,就不再去上课了。去年罗小燕正式调到这个女子学院当形体课老师了。我刚才到她宿舍坐了一会儿,就在窗外对面教师宿舍楼的三单元。"

"快到熄灯时间了,快收拾收拾准备睡觉吧!"

顾亚男说着帮李娜支好行军床,然后去关窗。顾亚男透过窗户,向对面教师宿舍楼看了一眼,正像孙媛媛说的那样,刘斌正在房间里认真地做着哑铃操。顾亚男看了刘斌一眼,摇了摇头,关上窗户,拉紧了窗帘。

熄灯了,房间里一片漆黑。三个学生很快就都发出了轻轻的鼾声。顾亚男瞪大着双眼,望着天花板,仔细回想着这一天发生的各种大事和小事,梳理分析着每一点蛛丝马迹,看看有没有什么异常的迹象。不一会儿,李娜好像也已经睡着了。房间里安静极了,快半夜了,什么情况也没有出现。渐渐地,顾亚男也感觉眼皮越来越重,迷迷糊糊地睡着了。

突然,顾亚男在睡梦中似乎听到身旁有一种轻轻地压抑的呻吟声。顾亚男毕竟是过来人,她马上意识到这是女人在做爱时发出的声音。顾亚男不愧是老侦察员,她立刻睁开眼,从枕头下抽出手枪,同时翻身下床,迅速打开房间的灯。灯亮了,顾亚男却一下被眼前看到的景象惊呆了。

只见李娜仰面躺在行军床上,被子差不多全都踢开了落在地上,两腿叉开着,裤子和内裤都退到了脚踝处。李娜面色惨白,瞪着惊恐的双眼,突然大叫一声,气绝身亡。除此之外,房间里什么也没有发现。门关得好好的,窗户也关得紧紧的。床上床下,房间的各个角落都仔细搜查了,什么都没有,

没有发现一丝一毫异常的迹象。

尸检的结果出来了,李娜死于过度惊吓,心悸而亡。更奇怪的是,在李娜的阴道里,居然发现有残留的精液。这似乎留下了一丝线索,究竟是谁的精液呢?而且,犯罪嫌疑人又是怎样进入房间的呢?门窗都关得好好的,难道真的是鬼不成?

为了核对精液的DNA,学院以体检为名,对全院所有的男性,包括男教师和其他所有男职员,都提取了DNA,但检验结果却无一人相同。看来,犯罪嫌疑人不在校内,必须扩大搜索面。令人不解的是,如果犯罪嫌疑人是从外面进入的,那么,是从什么地方进来的,又是从什么地方出去的呢?为什么一点痕迹都没有留下呢?

而且,精液的DNA数据片段也很独特,有点儿与众不同,却又似曾相识。难道真是外星人不成?

突然,顾亚男想起了一个人,想起了他同样独特的DNA构成。那是她两年前接手的一件命案。死者是离女子学院不太远的科技大学的数学老师党建华。党建华被发现死在了他的办公室内。

党建华的同事,同一办公室的女数学老师刘艳当时曾回忆案发前一天的情况说,那天晚上下班时,党建华说要留在办公室加班批改学生的考试卷子,并要准备第二天的上课内容。刘艳临走时还留给了党建华一个苹果，并开玩笑地说，"这个苹果留给你当夜宵吧。吃的时候可别忘了削皮，苹果皮上有残留的农药，对身体不好。给你这个水果刀。知道怎么削皮吧？"党建华回答说："嗨，你把我当三岁小孩子了。不过还是谢谢你。明天见！"刘艳把苹果和水果刀放在党建华的办公桌上就告辞回家了。其他同事也都纷纷告别回家。他们离开时都没有发现党建华有任何异常的迹象。谁知第二天早上上班时却发现党建华倒在办公室里自杀了，而且用的就是刘艳的水果刀！大家都感到十分震惊和不可思议。刘艳也一直后悔当时为什么要给他留下水果刀？

案发现场，党建华俯卧在办公室的地板上，一把不长的水果刀刺中了心脏。刀柄上的指纹是党建华自己的指纹，而且，案发时办公室里只有党建华一人，同事们都下班回家了，现场没有发现任何其他陌生人的指纹和脚印，也没有发现有任何搏斗的痕迹或任何其他的异常现象。根据现场的状况和刀柄上的指纹，排除了他杀的可能，以自杀结案。

案虽然结了，却留下了两大疑点始终无法解释。一是刀柄上留下的指纹很奇怪，人们自杀刺杀自己时一般的握刀方式是大姆指在外，刀尖在小姆指的方向。而党建华刀柄上的指纹却是大姆指在内,朝着刀尖的方向。这样握刀自杀是很别扭的,很像是他杀,但刀柄上的指纹却确确实实是党建华自己的指纹。这的确无法解释。

二是党建华为什么要自杀?自杀的动机无法解释。党建华,男,两年前死亡时刚好30岁。党建华自幼是孤儿,准确地说,是弃儿,是在襁褓中被遗弃,由孤儿院收养长大的。像其他孤儿一样,为报答党的养育之恩,取名姓党。

党建华在党的直接哺育下,上了小学、中学和大学,又读完了硕士和博士研究生。毕业后分配在科技大学任数学教师。党建华一直工作勤勤恳恳,任劳任怨,颇得学校领导和同事们的好评,几乎年年被评为先进工作者,又是非常有造诣的数学教授,讲课很受学生的欢迎。

党建华面目清秀,十分帅气,又有一点女人的秀气,很受女性的青睐。不少女老师都暗中爱恋着他。然而,党建华的性格却十分的内向和拘谨。他从不与任何女性有过多的接触。他至死也没有结过婚,没有谈过恋爱。别人给他介绍女朋友,他总是借故躲开,不去见面。即使有女老师与他谈工作,他也总是一本正经地公事公办,从不多说一句话。开始时,大家还觉得很奇怪,感觉他好像有什么难言之隐,久而久之,也就见怪不怪了。即便如此,党建华的自杀还是震惊了全校,大家都不明白究竟是为什么,似乎党建华完全没有自杀的理由,但刀柄上的指纹又确确实实是他自己的指纹,大家只能接受这一无法解释的事实。

党建华一案虽然已经以自杀结了案,但因疑点太多,党建华的遗物还一直保存在刑警大队。顾亚男立刻返回刑警大队,再次查验党建华衣服上遗留血迹的DNA。检验结果令刑警队的所有人都大惊失色,党建华血迹的DNA与李娜阴道中提取的精液的DNA竟完全相同!党建华已经死亡两年了,难道真的有鬼?真的有鬼交不成?

两年前,党建华的遗体火化后,因他没有亲人,顾亚男曾亲自与男侦察员李军一起把党建华的骨灰送到骨灰堂寄存,顾亚男还特意买了一个小花圈,放在了党建华骨灰盒的上面。顾亚男与李军立刻赶到骨灰堂,结果两人目瞪口呆:小花圈还在,然而,党建华的骨灰盒却不翼而飞!

手机响了,局长命令顾亚男立即返回。据女子艺术学院报告,女生宿舍南5楼304室的四名女学生也被同时发现怀孕!

# 爱之魂

## (中)

党建华是死是活,成了整个案件的核心与关键。王大伟的失踪与党建华的死亡案究竟有没有联系?山洪冲出神秘男尸,死者究竟是谁?

## 5. 形体老师

案情更加复杂了。局长决定增派26岁的女侦察员刘莉协助顾亚男侦破此案。

顾亚男、孙媛媛和刘莉三人分别与304室的四个女同学谈话。结果与204室三个女学生的情况大体相同。304室在女生宿舍南5楼的三层，正在204室的楼上。304室住的是大学一年级的四个同班同学，也都是大家公认的好学生，也都从未谈过恋爱，从未有过男朋友，也从未发现与任何男性有过任何来往。怀孕时间也都是在开学之后，也都排除了在寒假怀孕的可能。那么，究竟是谁使这七个女孩子怀孕的呢？案情越发复杂难解。刑警队研究决定，还是从雷小娅三人中寻找突破口。

顾亚男她们再次分别与雷小娅三人谈话。经过反复启发谈心，杜青青终于说出了一个令顾亚男十分吃惊的情况。杜青青最后含羞说出了一个情况，她曾与本校的形体老师罗小燕有过几次性接触。18岁的杜青青正处于青春发育期，对异性充满了好奇和渴望。然而女子学院只有女生，没有男生。老师也绝大部分是女老师。所以，很有男子气的罗小燕老师就引起了许多女学生的注意和喜欢。杜青青也是其中之一，她下课后经常去找罗小燕老师。渐渐地，两人成了无话不谈的好朋友。慢慢地，对性的渴望就成了两人经常谈话的主题。在罗小燕的引导下，杜青青不知怎地就与罗小燕有了性的接触，并从这种性接触中得到了性快感，获得了性满足。她本以为这虽然有点儿那个，但却只是女人之间的性游戏，不足为奇的。据杜青青所说，雷小娅和刘雯雯也都与罗小燕有过性接触，这成了她们三个人之间的小秘密。这引起了顾亚男的高度注意。

经与其他几个女孩子反复交心谈话，雷小娅和刘雯雯以及304室的四个女同学也都承认与罗小燕有过性的接触。看来，案情有了一些进展，焦点集中到了罗小燕身上。虽然女老师不可能使女学生怀孕，但许多令人费解的疑点仍须弄清。

罗小燕，女，32岁，未婚。从档案上看，罗小燕也是孤儿，自幼被罗成夫妇收养。罗成是扫大街的环卫工人，妻子没有工作，靠捡破烂贴补家用，家庭经济非常困难。罗成夫妻两人没有自己的亲生子女，收养罗小燕后，十分疼爱，两人就靠扫街和拾荒的微薄收入供罗小燕读完了小学和中学。罗小燕自幼喜爱舞蹈，后来又成功地考入了舞蹈学院。罗小燕毕业后做了几年舞蹈演员，有了些积蓄，给父母买了房，对父母十分孝敬。但遗憾的是，父母长年劳累，积劳成疾，几年前因病相继去世。

受伤后，罗小燕不能再当舞蹈演员，陷入困境。她自己办了一个形体训练班，日子还算过得下去。去年，罗小燕终于进入女子学院成为一名正式教师，这才算安稳下来。

作为舞蹈演员的罗小燕，自然是天生丽质，气质不凡。再加上舞蹈功底扎实，形体课很受女学生们的欢迎和喜爱。罗小燕性格开朗，很有男子气。她常常像男人那样，头发剪得很短，平常也很喜欢穿男式服装。也许是从小受家庭的影响吧，罗小燕虽然是舞蹈演员出身，却很少打扮得花花绿绿。既有男子气，又有女人味，罗小燕不但被男人喜欢，女人也都喜欢跟她来往。平常经常有女学生找她，她也很爱交友，朋友很多，但基本上都是女朋友。

罗小燕虽然朋友很多，却一直没有结婚，也一直没有谈恋爱。人们都觉得可能是因为她太高傲了，所以也就没有人太在意。

顾亚男从调查中发现，所有这七个怀孕的女孩子都与罗小燕来往非常密切，课余时间经常与罗小燕来往，并且，七个女孩子也都承认与罗小燕有过性的接触。但罗小燕也是女人呀，女老师与女学生来往，并没有什么不妥，至于女老师与女学生有性的接触，虽然不好，有失师德，但却算不得性侵犯，也算不得犯罪，应该不会对女学生造成生理上的侵害。

罗小燕虽然有很多的女朋友，但却从未发现她与任何男性有过多的交往，更谈不上与任何男性有任何的亲密和暧昧。也有女老师曾经问过罗小燕为什么不结婚，不恋爱？罗小燕总是开玩笑地回答说，她是同性恋，喜欢女人，对男人没兴趣。

## 6. 扑朔迷离

顾亚男决定以公安局的身份与罗小燕正式谈一次话。罗小燕确实很有魅力，顾亚男也不得不在心里承认，她的确很招人喜欢。在谈话中，罗小燕非常配合，承认与一些女学生有过性的接触，并为自己身为教师的行为不端深表自责。问到她自己的婚姻情况，罗小燕表示自己确实有同性恋的倾向，她喜欢女人，对男人不感兴趣。

罗小燕还承认，那天遇到李娜后，两人到她的宿舍聊天。知道李娜复员后查出有心脏病，最近常常感觉心角痛。作为女人的知心话，李娜还告诉她自己已经结婚两年，但因丈夫是军人，长年驻守边防，夫妻两人离多聚少，十分思念。两人在聊天中还很自然地说到了因长年单身的性压抑和性渴望。罗小燕告诉李娜，其实女人之间也可以获得性快感，缓解性压抑，随后不知怎地便与李娜有了性的接触。

虽然罗小燕承认了与李娜的性接触，但女人之间的性接触却是不可能留下精液的，一定还有一个男人与李娜发生了性关系。那么，这个男人是谁？李娜阴道里的残留精液究竟是谁的精液呢？为什么精液的DNA竟与党建华的DNA完全相同？难道党建华没有死，竟与李娜发生了性交？如果真是党建华，那么，他又是怎样进入的204宿舍，又是从哪里出去的呢？难道是在李娜回宿舍之前就与党建华发生了性关系？李娜怎么会认识党建华呢？李娜到公安局工作时，党建华已经死亡了呀，难道他们以前就认识？那么，当时的死者如果不是党建华又是谁？难道是被人掉了包？

顾亚男带着种种的疑问，回到公安局，再次调出党建华的案卷，仔细研究。一个情况重新引起了顾亚男的注意和深思。

几乎是与党建华死亡案发生的同时，与党建华同一所大学计算机系的王大伟老师失踪，至今未见踪迹。据当时的调查记录记载，王大伟当年32岁，博士生毕业，未婚，外貌清秀，同事们都说王大伟与党建华长得很像。王大伟爱好摄影，经常背着照相机去野外拍摄风景照片。另外，据同事反映，王大伟当时正在热烈地追求数学系的刘艳老师，但遭到刘艳老师的拒绝，因为刘艳心里一直在暗恋党建华，而党建华对刘艳如同对待其他女性一样，却始终是不理不睬。当时与刘艳老师的谈话记录也记载了王大伟、党建华与刘艳之间的这种感情纠结。

通过再次与王大伟的同事以及亲戚朋友的询问和调查，又发现了一个以前从未发现也从未想到的问题，这就是王大伟与李娜是中学同学，据说他们在中学时非常要好。而党建华所上的中学与王大伟和李娜的中学距离不远，据说，当时两个学校经常会组织一些联谊活动。两个学校的学生会经常互有往来。两年前，也就是李娜刚复员还没有找到工作时，李娜经常来科技大学找王大伟。不久之后，即发生了党建华自杀案和王大伟的失踪案。这两个案件有什么关连，且与李娜有无关系呢？

顾亚男脑海里突然闪现出一个假设，会不会是党建华杀死了王大伟，然后用王大伟的尸体伪装成自己自杀的现场，并畏罪潜逃呢？因王大伟外貌很像党建华，会不会是当时匆忙中认错了人，被党建华掉了包呢？但如果是这样，党建华为什么要杀死王大伟？是因为感情纠结？但党建华从未对刘艳表示过任何好感呀？如果说是王大伟因感情纠结杀死了党建华，然后畏罪潜逃，从逻辑上还能勉强说得通，但李娜身体中残留精液的DNA却显示与党建华相同，而不是与王大伟相同，说明可能还活着的是党建华，而不是王大伟。那么，李娜在其中又是充当的什么角色呢？真是让人百思不得其解。

党建华究竟是死是活？成了整个案件的核心和关键。

## 7. 假设

根据掌握的线索和调查到的种种迹象，顾亚男脑海里出现了一个假设：

假设党建华上中学时就认识了李娜，且两人关系极不一般。李娜当兵后，两人仍保持着密切的来往。由于党建华的介入，李娜与王大伟，则始终不能超越好朋友的关系。

李娜结婚后，因丈夫长年驻守边防，离多聚少，十分寂寞。党建华便乘虚而入，与李娜从好朋友发展成为暧昧的情人关系。李娜每次回来探家，都忍不住红杏出墙，偷偷地与党建华约会。两人越陷越深，不能自拔。因为李娜已经结婚，且不可能离婚，党建华虽然与李娜真心相爱,但却不可能步入婚姻的殿堂。他们认为,只要两人真心相爱,且不必在意那一纸婚约。这样,两人就一直偷偷摸摸地保持着这种不明不白的关系。

特别是李娜复员后,两人更是如胶似漆,经常偷偷约会,尽享鱼水之欢。李娜三天两头地来科技大学,表面上是来找王大伟,实际上是来与党建华约会,两人就这样偷偷摸摸地成为了秘密夫妻。由于两人的这种秘密关系,党建华对刘艳和所有其他女性的追求一概没有兴趣,也就可以得到解释了。

一天,李娜像平时一样来到科技大学,先与王大伟表面寒暄地周旋了一阵,然后又悄悄地来到数学教研室。党建华像往常一样,在办公室假装加班,等待着李娜的到来。李娜见四面无人,便悄无声息地推门而入。两人一见,早已是饥渴难耐,随即宽衣解带,急不可待地行起事来。

两人正在欢愉之时,却不承想,办公室的门被猛地推开了,原来是王大伟一直觉得李娜对他不冷不热,若即若离的,心中起疑,就悄悄地跟踪而至。猛地推开房门,见两人衣衫不整,正在寻欢,随即大怒,手指男女二人,严正质问,并声称一定要将此事公开于众。

党建华和李娜见事已败露，急于掩饰，连连央求王大伟不要声张。此事若是声张出去，不但两人的脸面不保，前途尽弃，而且，这破坏军婚的罪名是足以把党建华投入监狱的。然而，不论两人怎么央求，王大伟依然是不依不饶地一定要将此事公开。党建华见事已至此，遂起了杀机，抓起桌上的水果刀，刺死了王大伟。然后，与李娜两人伪造现场，利用王大伟与党建华相貌相似的特点，用王大伟的尸体制造了党建华自杀的现场。并匆忙擦除了李娜留在屋里的脚印和指纹，但慌乱中却忘记了擦拭党建华留在刀柄上的指纹。

伪造现场后，党建华畏罪潜逃，隐藏了起来。两年后，党建华见风声已过，便又悄悄地潜回附近的某个地方躲藏。那天，李娜借着与罗小燕叙旧拖延时间。待离开罗小燕后，便急匆匆地与隐藏在附近的党建华会面。两人多日不见，这一见面，自然是分外亲密。烈火干柴，急不可待地做了那事，在李娜身体内留下了精液。然后，李娜便急匆匆地跑步回到了204女生宿舍。

以后的事情，一切便都顺理成章了。

如果顾亚男的这个假设能够成立的话，那么，党建华没有死，且是杀人凶手。现在，关键的关键是要找到党建华，将其绳之以法。

## 8. 惊现男尸

然而，假设毕竟只是假设，重要的是要找到证据。顾亚男决定对党建华案和王大伟案重新进行调查。因党建华的尸体已经火化，骨灰也已莫名其妙地不翼而飞，顾亚男决定对当时现场的遗留物重新进行检验，希望能够从中发现新的线索。然而，检验结果显示，当时死者身穿衣物上的血迹，其DNA检验证实确实是党建华自己的血迹，留在刀柄上的指纹也确实是党建华自己的指纹，与当年检验的结果并无二致。

顾亚男站在办公室窗前，望着窗外，心事重重。既然已重新确定了死者是党建华，那么，顾亚男的假设就只能全部推翻。如果死者确实是党建华，王大伟又究竟到哪里去了？王大伟失踪后，已动员全国的公安系统协助搜寻，但至今仍渺无音讯。王大伟的失踪与党建华的死究竟有没有联系？而且，既然党建华已经死亡，那么。李娜身体中的精液为什么会与党建华的DNA相同？而当时从死者身上血液中提取的DNA检验证实，死者的DNA确实是党建华的DNA，死者应该是党建华无疑。案情分析陷入了死结，难于进行下去了。

夏天的天气就像小女孩的脾气那样多变且反复无常。刚才还是晴天，转眼就下起了大雨，而且一下就下个不停，连续下了一个星期，还是哗哗地下个不停，没有停止的迹象。大白天里天空黑得像是黑夜。电视里不断地播放着新闻。连续的大雨，已使山区不少地方出现了山体滑坡，有的地方造成了人员伤亡。城里也有不少地方因积水过多排不出去而被淹。

灾情就是命令。上级命令刑警大队全体干警立即紧急出动，全力配合消防武警抢险救灾。顾亚男带领刑警大队女子中队的全体队员与消防官兵一起疏导受灾地区的群众向安全地区转移。她们已连续工作了十几个小时，一个个累得腰酸腿疼，浑身像是散了架。然而还有一部分群众没有转移出来，她们还在一家一户地搜寻，确保一个群众也不被落下。

　　这时，手机响了，是局长的电话。据群众报告，某山区发现一具男尸，局长命令顾亚男立即出警。顾亚男随即带领孙媛媛和刘莉奔赴现场，并安排其他队员继续疏导群众转移。

　　城外某山脚下，因连续大雨，许多泥土碎石随着大水一起从山沟深处被冲了出来。有群众发现有一具男尸随着泥石被一起冲出，并立即报了警。

　　这是一具男尸，脖子上还挂着一架已经摔碎了的照相机。尸体已经高度腐烂，再加上在被水冲击的过程中不断受到碎石的冲撞毁坏，尸体已面目全非，无法识别。

　　顾亚男对发现男尸的现场从各个角度拍了照，初步尸检结果表明，死者的死亡时间大约为两年前，除全身多处骨折外，未发现有其他致命伤痕，显然是摔伤致死。尸体是与碎石一起随大水从山沟深处冲出来的，所以，发现尸体的地方并不是第一现场。那么，第一现场在哪里？究竟是自杀还是他杀？必须要找到第一现场才能明白，顾亚男随即带领孙媛媛和刘莉徒步溯流而上，寻找尸体的第一现场。

　　山谷中的大量泥沙碎石被雨水冲下，路很难走，顾亚男一行跌跌撞撞，连走带爬，艰难地向上攀爬着。

终于没有路了,她们来到了山谷深处的大山脚下,这里的现场反而被雨水破坏得不大,她们在附近发现了散落的镜头盖、电池等一些零碎的东西,于是,她们认定这里应该是男尸的第一现场。她们在现场经过仔细搜寻,没有发现有任何搏斗的痕迹。抬头望去,这里正对着虎跳崖,看来,死者是从虎跳崖上坠落身亡的。但是,为什么会从虎跳崖上坠落?是自杀,他杀,还是意外事故?

为找到答案,顾亚男三人又爬上了虎跳崖。虎跳崖是这一地区有名的旅游风景点,也是这一地区的海拔最高点。晴天时站在虎跳崖眺望,一览群山小,无限风光尽收眼底。特别是,如果气象条件合适,会在虎跳崖上看到一片云海,汹涌磅礴,气势万千。

顾亚男她们在虎跳崖也进行了仔细的搜查,同样没有发现有任何搏斗或其他可疑的迹象。看来,死者意外失足的可能性是很大的。虎跳崖上虽然装有监控摄像头,但已事过两年,监控录像已消除,无法查验。

对尸体的DNA检验证实,死者正是失踪两年的王大伟。死者身体除多处严重骨折外,并未发现任何其他致命伤害,因此,结论是坠崖身亡。幸好,经过检查，王大伟摔碎的照相机中，磁卡尚保存完好。从磁卡上看，王大伟拍照的都是山区的风景，特别是最后几张照片都是从虎跳崖角度拍照的云海照片。这一切都可以证实，王大伟只是上山拍摄风景照片，意外失足落崖导致身亡。因虎跳崖下面的山沟人迹罕至，致使王大伟死亡两年无人发现，及至下大雨时其尸体才随同泥沙一起被大水冲出。

至此，王大伟案可以结案了，但同时，女子艺术学院的女学生怀孕案的线索也就断了，王大伟案的结案也进一步证实了党建华的死亡。党建华既然已经死亡，那么，李娜身体中的残留精液为什么与党建华的DNA相同？完全无法解释。案件侦破陷入了死结，下一步应如何进行？

为此，公安局李局长召开了专门会议，大家一起研究分析案情。会上，大家思想非常活跃，你一言我一语，讨论得非常热烈。各种分析，各种建议，各种推断，各种见解，真正是知无不言，言无不尽。但最后又全都绕回到了原点，陷入死结，找不到新的线索，会议进行不下去了。忽然，一直坐在一边沉默不语的孙媛媛慢声细语地说出了一个大胆的推论，令全场震惊，人人目瞪口呆。

# 爱之魂

## （下）

罗小燕的离奇身世终使真相大白。身世离奇，知识多多。但党建华之死与罗小燕究竟有没有关系？案中案依然神秘离奇。

## 9. 大胆推论

孙媛媛慢声细语地说道:"这七个怀孕的女学生,还有李娜,都与罗小燕有过性的接触,所有这些现象只有一种情况可以解释,那就是罗小燕实际上是男人,是男扮女装。"此言一出,全场为之震惊,个个目瞪口呆。

大家对此议论纷纷,有人说这种推论有道理,也有人说完全没道理,不合逻辑。然而,究竟如何,却是公说公有理,婆说婆有理,谁也说服不了谁。

刘莉对此感到迷惑不解,"如果说罗小燕是男扮女装,那么,她这样做的目的又是为了什么呢?如果说罗小燕男扮女装是为了进入女子艺术学院图谋不轨,也许有些道理,但问题是,罗小燕在进入女子艺术学院之前就是女性身份呀，根本用不着再假扮女装呀。如果说罗小燕小时候男扮女装是因为喜欢跳舞，想跳芭蕾舞，可是，她在学跳舞之前就是女性身份，也用不着扮什么女装呀。罗成夫妇从一开始收养罗小燕，给罗小燕报户口时就报的是女孩儿，她怎么会变成男人了呢？"

李局长说："我以前倒是听说过，在农村，有的地方有人生了女孩，从一开始就对外隐瞒，说是生了男孩，从小就把女儿当儿子抚养，长大后，还有的索性给她娶房媳妇，抱养个孩子，传递香火。这种情况倒是听说过，把女孩当男孩养，那是因为要继承香火，要传宗接代。可是，把男孩当女孩养，却从来没听说过，那这样做又究竟为的是什么呢？"

"说的也是呀。如果说罗小燕是男人，从小就男扮女装，那么，男扮女装的目的又究竟是为了什么呢？"

"古代小说三言两拍中也有过描述，说有的男人男扮女装，混入富有人家，教富家小姐学做女红，与小姐关系甚好，夜晚便与小姐同宿，诱奸小姐，使小姐欲罢不能。白天是教小姐做女红的师婆，夜晚便成为夫妻，所以叫做拍案惊奇。不过，那是小说，难道现实生活中也真有如此的奇案不成？"

"男扮女装，装几年还成，难道一直装了32年还没有被发现？这罗小燕男扮女装的技术也太高了吧？"

"但是，这罗小燕如果真的是女人，那么，所有的这一切便都无法解释了。也许，还有我们全都没有想到的什么线索？应该有一个隐藏得很深的男人我们还始终没有发现，我们应该再仔细分析分析案情，看能不能找到什么新的启发。"

你一言，我一语，大家各抒己见，好不热烈。但分析来分析去，案情又回到了原点，陷入了死结，进行不下去了。

李局长最后发话了："不管怎么说，孙媛媛的这个大胆推论确是一个独特的思维。这样吧，不论罗小燕是不是男人，我们都先从调查罗小燕的身世入手，争取找到新的线索和新的思路。"

## 10. 身世

既然会议决定了调查罗小燕的身世,顾亚男一行便从派出所查看罗小燕的档案开始,再重新一点一点地仔细梳理罗小燕的身世。

然而,她们连续熬了几个夜晚,也没有从罗小燕的档案中查出半点嫌疑,一切似乎都很正常,并没有发现什么疑点和新的线索。

顾亚男陷入了迷茫之中。怀孕的这七个女孩子都与罗小燕有密切的来往,但女人找女人,也没有什么不正常,不管她们怎样有性接触,虽然不好,但女人是不可能让女人怀孕的,难道罗小燕真的不是女人?

奇怪的是,顾亚男总是觉得罗小燕似曾相识,好像在什么地方见过。那天,她和李军一起去骨灰堂的时候,突然想起,罗小燕长得很像党建华。难道她与党建华是兄妹?

为揭开谜底,顾亚男走访了罗小燕养父母的邻居,想了解一下罗小燕究竟是怎样被收养的。罗小燕养父母原来住的房子早已拆迁,原址盖起了楼房,原来的邻居也都分散到了各处。在当地派出所的帮助下,顾亚男一个个走访了罗小燕养父母的一些老邻居,也没有什么新的发现,无非是罗小燕养父母的艰难和罗小燕的孝顺。顾亚男都不抱什么希望了。还有最后一个赵奶奶没有走访,顾亚男、孙媛媛与刘莉三人抱着"有枣没枣打三竿子"的想法走进了赵奶奶的家。

赵奶奶以前与罗成夫妇住在同一个小院子里,赵奶奶家境也很贫寒,与罗成妻子一样,也是靠捡破烂为生。赵奶奶回忆说,罗成夫妇没有孩子,一直很想要个孩子,但却总是怀不上。渐渐地,罗成夫妇年龄也不小了,也就不再抱什么希望。有一天,罗成很早起来去扫街,扫到医院旁边时,听到有婴儿的啼哭声。仔细寻找,发现在墙角一堆旧报纸下面有两个婴儿分别用两个小被子裹着,正在那里啼哭。是双胞胎!罗成四外看看,没有人,显然是被

人遗弃的孩子。罗成夫妇正想抱养个孩子，一下找到了两个。罗成很高兴，本想把两个孩子都抱回家，但又一想，家里实在太贫困，养一个孩子就已经很艰难了，养两个孩子肯定养不起。想了想，狠狠心，留下一个，抱回家一个。

赵奶奶说，罗成兴冲冲地跑回家，给他妻子看他刚捡回来的孩子。当时，赵奶奶也在旁边，也高兴地一起看孩子。打开包裹一看，是个白白胖胖的孩子，十分讨人喜爱。"是个丫头。""不，是个小子。""不对，当然是丫头。"赵奶奶记得，当时他们还就这孩子是男孩还是女孩有过一点小争执。说是女孩吧，却有一个很小很小的小鸡鸡。说是男孩吧，小鸡鸡又太小了，而且裂着口像个丫头。最后，他们三个达成一致，是女孩。于是，起了个名字叫罗小燕，并去办理了领养手续。

罗小燕渐渐地长大了，十分惹人喜爱。小燕从小喜欢跳舞，因家里买不起电视，小燕有时就去同学家看电视。回家后就模仿电视里的演员跳舞，惟妙惟肖，大家都夸奖她学什么像什么，夸奖她有跳舞天才。

小学时，班上有的女同学被父母送进舞蹈班学习跳舞，罗小燕很是羡慕，但因家境贫寒，小燕上不起舞蹈班，就让同学回来告诉她舞蹈班的学习内容，自己跟着模仿。家里太小，父亲罗成就陪小燕到街上去练跳舞。没有把杆，就手扶大树或河边的栏杆，很是刻苦。有一次，罗成扫大街，在垃圾站捡到一双别人扔掉的破舞蹈鞋，拿回来交给小燕。小燕视若至宝，把鞋洗干净，又把破的地方细心补好，就穿着这双别人扔掉的破舞蹈鞋练习芭蕾舞。由于小燕的认真刻苦，后来在全市少年舞蹈比赛中荣获芭蕾舞第一名，并被市舞蹈学校破格录取，减免一切学杂费。后来，小燕又考上了市舞蹈学院，一直读到硕士，毕业后进了市芭蕾舞团，成为专业芭蕾舞演员，并多次在全市，乃至全国舞蹈比赛中获奖。

赵奶奶说，罗小燕对父母十分孝顺，毕业后做了专业舞蹈演员，有了钱，就给父母买了房，搬走了，从此便再没见过面。听说不久小燕的父母就都相继过世了。

听了这一段小插曲，顾亚男若有所思，联想到了党建华，顾不得劳累，便马上与刘莉和孙媛媛去到孤儿院，再去查看党建华的档案材料。党建华在同一天同一地点被人发现送到孤儿院，看来，党建华正是当时双胞胎弃儿中的另一个。所不同的是，党建华被发现时只有他一个婴儿，另一个已经被罗成抱走了，所以，没有人知道他是双胞胎之一。据孤儿院的老人回忆，党建华送来的时候，就他的性别，院里的人们当时也曾有过一番争论。最后觉得他还是更像男孩，于是，就一直当作男孩抚养。

　　现在清楚了，党建华与罗小燕是双胞胎兄妹，是龙凤胎。那么，他们的亲生父母是谁？为什么要遗弃他们？是私生吗？还是另有隐情？而且，为什么两个孩子都在性别上有争论？这么简单的问题为什么会有争异？

# 11. 染色体

顾亚男决定再与罗小燕谈一次话。当顾亚男问到罗小燕的身世时,罗小燕对她的养父母表示深深的感激,说到养父母的过早离世,罗小燕的眼睛红红的,满含着泪水。顾亚男问她是否知道自己是双胞胎时,罗小燕下意识地点了下头,又睁大双眼,疑问地望着顾亚男,坚决地摇了摇头。顾亚男没有再继续追问。

为了揭开李娜身体中的精液之谜,顾亚男征得罗小燕的同意后,决定给罗小燕做一次全面的身体检查。检查结果令所有人都大吃一惊。检查发现,罗小燕的性器官发育异常,从外表看,罗小燕的性器官很像女性,然而,在开口的上方却有一个短短的像阴茎样的突起物。体内检查发现，罗小燕的体内没有女性所特有卵巢和子宫，却在她体内发现有一对发育不良的睾丸，藏匿于腹腔内。染色体检查为46XY，典型的男性染色体。这究竟是怎么回事？为此，他们专门拜访了市医院的遗传咨询门诊。

市医院遗传咨询门诊的张主任专门接待了顾亚男一行。张主任说：

众所周知，人的性别是由染色体决定的。染色体，英文叫Chromosome，是细胞内具有遗传性质的物体，因易被碱性染料染成深色，所以叫染色体（染色质），其本质为双股螺旋之脱氧核糖核酸，是细胞核内由核蛋白组成、能用碱性染料染色、有结构的线状体，是遗传物质基因的载体，与生物基因有密切关系。染色体的主要化学成分是脱氧核糖核酸和五种称为组蛋白的蛋白质。

在有不同性别的生物体内，有两个基本类型的染色体：性染色体和常染色体。前者控制性联遗传特征，后者控制着除性联遗传特征以外的全部遗传特征。现代遗传学普遍认为，决定雄性性状的基因位于Y染色体上，决定雌性性状的基因扩散于X染色体上。因此，正常男性体细胞中除了含22对常染色体以外，还含有两个异型的性染色体——X与Y，性成熟时能产生两种类型的精子 X 和 Y；而在正常女性体细胞中，除了含有 22 对常染色体外，还含有两个同型的 X 性染色体——XX，性成熟时只能产生一种 X 卵细胞。女性受孕后胎儿的性别主要取决于男子的精子细胞性染色体。如果卵细胞与 Y 型精子结合则形成 XY 型的合子，将来发育成男性；如果卵子与 X 型精子相结合形成 XX 型的合子，则发育为女性。由此可见，胎儿的性别在受精的那一刹那就已经决定了，而且，终生不可能改变。正常男女体内的性染色体的数目是一定的，倘若数目多了或少了，就会出现性别畸变。

所谓性别畸变，就是人们常说的阴阳人，英语叫 Intersexuality，是指因性染色体异常或性腺发育异常所致，也可以是因胎儿期的内分泌异常所产生，表现为性器官的发育异常。

卵子受精后在子宫里植床发育。怀孕第 7-11 周胎儿的性器官开始发育，男孩发育阴茎和睾丸，女孩发育阴蒂和大小阴唇等。第 9 周时，男女胎儿的外生殖器大致相似，男孩的外生殖器也是开口的，与女孩相似。至第 12 周末，已显示成熟胎儿男女外生殖器的形态。这时，男孩的外生殖器才开始闭合，显示男孩的样子，而直到出生前不久，男孩的睾丸才从腹腔下降到阴囊中。男孩和女孩的性别不仅在于外生殖器的不同，从解剖学上说，男孩有睾丸和阴茎，女孩有子宫和卵巢。

如果母亲在怀孕期间用药不慎或其他什么原因，导致胎儿性器官发育不正常或发育畸形，这些现象医学上统称为性异常，包括性征异常与性器官畸形。一般来说，性器官畸形会出现三种情况：即假女真男、假男真女和阴阳人。

假女真男就是婴儿性染色体为XY，是男孩，但外生殖器却发育得像女孩一样，其阴茎萎缩，犹如女性的阴蒂，尿道下裂，好似女性的阴道口，阴囊分开，形若女性的大阴唇。睾丸多为隐丸，隐匿于腹腔、腹股沟或者酷似女性大阴唇的阴囊内。有的患者因睾丸发育不良，到了青春期以后，男性特征仍不明显，而有的患者成年后，阴茎能够勃起，并可以性交和射精，甚至具有生育能力。

这种发育畸形的男孩，往往被父母看作女孩，当作女孩来抚养。这样的孩子在青春期时就会出现性别迷茫。比如，虽然一直被看作女孩，即社会性别为女孩，但却对男性没兴趣，反而喜欢女性，等等，被社会认为反常的现象。这时，应该带孩子到医院去检查，就会发现，孩子的腹腔中没有子宫和卵巢，反而有发育不完全的睾丸，就应该认定孩子的本来性别应该是男孩，而不是女孩。罗小燕一案即是这种男性假两性畸形。

我们再来看假男真女的情况。婴儿的染色体为 XX，是女婴，但外生殖器却发育得像个男孩。外阴闭合，阴蒂过大，犹如阴茎。这样的女孩，一生下来，就往往被父母看作男孩，当作男孩来抚养。长大后到医院检查，会发现，孩子没有睾丸，腹腔里却有发育不完全的子宫和卵巢。

真性阴阳人就是身体内同时具有两套生殖器，既有睾丸，也有子宫和卵巢。其染色体为 XXY 或 XYY 两种。XXY 偏向于女性，而 XYY 则偏向于男性。二者可以分别形成两个性腺存在于腹腔内，也可在同一性腺内并存。医学上称这种性腺为"卵睾"。有时，一种性腺组织完全被包埋在另一性腺组织内。体内所具卵巢和睾丸皆可有内分泌功能，即体内同时有雌激素和雄激素，但常以其中一种激素占优势。外生殖器多为性别不明，也可能表现为女性，也可能表现为男性，而第二性征的发育往往随占优势的激素而定。如体内雌激素占优势，第二性征就倾向于女性。如雄激素占优势，第二性征就倾向于男性。这种人外阴的尿道上方有一较小的阴茎，下方又有两片分开的大阴唇,在两片大阴唇之间有一小的开口似乎是阴道口,而实际上是排尿的地方。这种真两性人会同时出现男女两种特征,乳房丰满,阴茎可以勃起,有时会遗精,但不能射精,精液中没有精子,不长胡须。如果作为女性,阴道浅而小,子宫很小,因此没有生育能力。但也曾报道发现有生育功能者。

顾亚男听得入了迷,没想到这里还有这么多的学问。

"那么,有没有办法治疗呢?"顾亚男急切地问道。

"有,"张主任回答说,"现在一般会采用手术方法再造外生殖器,并配合以激素治疗的方法。患有性别畸变的患者要尽早治疗,特别是真性阴阳人患者,更是越早治疗越好。说到手术治疗,我还要特别说明一下。"

张主任说,不知从什么时候开始,兴起了一种讲究吸引眼球的炒作之风。特别是近来的一股炒作之风,不讲科学,误导读者,就不能不引起我们的警觉。

说到炒作,恐怕最具代表性的要数对变性手术和变性人的炒作了。众多的新闻报道和图书似乎给人一种印象，人可以用手术方法随意改变性别。这是对读者的严重误导，是典型的伪科学，甚至会给读者的身心造成严重的伤害。稍有科学常识的人都会懂得，人的性别是由细胞的染色体决定的，是在卵细胞受孕的一刹那就决定了的，并且是终生不可能改变的。而手术只能改变人的生殖器外观，不可能改变人的性别。其实，我国古代的太监就可以看作最原始的"变性"手术。太监通过"净身"手术，切除了阴茎和睾丸，进而出现了很多女人的特征，嗓音变细，不长胡须，皮下脂肪增多，等等，但是，太监改变性别了吗？没有。太监仍然是不完整的男人，而不是女人。我们听说过有地位高的大太监娶妻，但却从未听说过有太监嫁夫。可见，太监在生理上和心理上都仍然是男人，而不是女人，虽然是重度残缺的男人。有人说，现代医学发展了，现代手术可以随意改变人的性别。这是不对的。我们只要看一看胎儿的性别发育过程，就会明白，这是一种严重的误导。

对于像罗小燕这样的假女真男患者，医生可以对病人施行外生殖器整形手术，再造男性外生殖器。这就是人们所说的"变性手术"和变性。这样，孩子的社会性别从女孩变成了男孩。人们往往以为，孩子通过手术改变了性别。而实际上，孩子本来就是男孩，并没有改变性别，只不过是通过手术恢复了他的本来面貌。严格地说，这种手术不应该叫"变性手术"，因为并没有改变性别，应该叫外生殖器整形手术。

如果一个真正的男子，想通过手术变成女人的话，那会是一种什么情况呢？通过手术，切除掉他的睾丸和阴茎，然后再造一个女性外生殖器和女性乳房。那么，他是否就变成了女人了呢？首先，他没有子宫和卵巢，这是不可能再造的。虽然通过手术，他可以获得女性的第二性征，比如，皮下脂肪增多，嗓音变细等，但他本质上仍然是男性，而不是女性，是一个重度残缺的男人。他只能终生靠吃雌性激素来维持他的女性第二性征，终生不可能生育。当然，他可以在心理上觉得自己是女性，也可以嫁一个男人，但在本质上他仍然是一个男人，是一个同性恋者。

所以，如果有人受到了传媒的诱导，以为可以利用手术的方法随意改变性别而去盲目地做变性手术，实际上，会造成终生生理残疾，是不应该去倡导的。对于变性和变性手术的商业炒作，已经严重地误导群众，甚至可能会给人们身心造成严重的伤害，这是不应该出现的。要讲科学，杜绝炒作之风，从根本上改变社会的浮躁风气，是我们医务工作者义不容辞的责任。

同样，对于假男真女患者，也可以通过手术的方法，再造女性外生殖器，恢复她的女性本来面貌。同样，手术并没有改变她的性别，只不过是通过整形手术，恢复了她的本来性别。

对于真性阴阳人患者，情况有点儿复杂。当然，可以根据患者本人的意愿，用手术的方法切除一套生殖器，保留另一套生殖器。比如，切除睾丸，保留子宫和卵巢，成为女性。反之，切除子宫和卵巢，保留睾丸，则成为男性。

但是，孩子的性别除了有生理性别外，还有一种社会性别因素在其中。出现假两性畸形时，由于性别分化还比较模糊，没有表现出明显的性取向，这时把孩子往哪个方向引导的决定权掌握在家长手中，医生也对决策有重大影响力。

实际上，很多家长看到孩子更像个"女孩"，为图省事干脆做手术把孩子"彻底"变成女孩算了。其实从医生的角度考虑，做成女孩的手术难度要比做成男孩容易得多：女性手术可以比较容易地做出女性的阴道和外阴结构，而男性手术首先要把隐藏在腹腔内的睾丸下拉到阴囊，如果睾丸的血管不够长还得利用腹部的血管转接,或者把睾丸放置于腹股沟内,如果阴茎发育不足还要做复杂的外生殖器再造。但不能仅仅根据孩子外形或贪图方便而轻率决定怎么给"阴阳人"孩子做手术,染色体的检查也是重要参考之一。因为孩子成年后的性取向不是家长和医生说了算的,而是由基因决定,受性激素影响的,如果把染色体为46XY的假女真男患者做成女孩,肯定要把隐藏的睾丸切掉,以后再也恢复不了,日后孩子想做男人怎么办?为了减轻做男性手术的难度,可提前一个月用刺激垂体或者直接打雄激素的方式,让患儿的性器官向男性发展一些,再进行手术,成功率是很高的。

当然,不论是假男真女,还是假女真男,或是阴阳人,由于他(她)们的生殖系统发育得不完全,一般来说,都不可能生育。但像罗小燕这样致使多名女孩怀孕,具有这样强的生育能力,却实属罕见。

"看来,李娜的问题明白了,那么,我的问题又是怎么回事呢?"孙媛媛若有所思地自言自语。

"你又遇到什么问题了?说出来大家分析分析。"张主任对孙媛媛道。

"张主任,您说,真的会有鬼,会有鬼交吗?"孙媛媛不觉脱口而出。

张主任笑了,"怎么?你遇到鬼交了吗?"

孙媛媛一下脸红了,不好意思地点了点头。

张主任说,这种情形在心理学上叫做梦交,我国的传统医学称之为鬼交。早在隋代,著名医学家巢元方就在《诸病源候论》中详细地介绍了鬼交的症状:"其状不欲见人,如有对娱,独言笑,或时悲泣。"巢元方又说:"妇人与鬼交通者脏腹虚,神守弱,故鬼气得病之也。"

不过,大多数鬼交症都没有发展到病态的程度,它只是"思春"心理在妙龄少女(或少男)潜意识中的反映。处于青春发育期的年轻人性意识开始启动,对异性产生爱的感情,并且产生性冲动。但他们对此并不敢有所流露,尤其是女性压抑得更加厉害。到了夜晚睡熟之后,这种压抑的性欲本能就会得到释放,通过梦境中的交合使自己的性需要得到满足,所谓日有所思,夜有所梦,鬼交也符合这个道理。与其说在梦中纠缠某位女性之人是鬼的话,倒不如说是心中深深爱着的"白马王子"的化身。

文化对男女性梦过度所导致疾病的界定,在女子叫鬼交,在男子叫梦遗。此类病大多频发过度,导致精神萎靡、身体困倦,甚或出现现实反映的精神症状,需要及时治疗。最有效的治疗是中医药。

但如果性梦发生适度,甚至性梦后出现心情愉悦、精力旺盛充沛的,则为正常的心理、生理反应,无需治疗。

性梦一般在正常的生理、心理范围内发生,与体内性激素水平、性心理状态密切相关。对于青春期的男生女生和处于"性饥渴"状态的人,性梦是一种自我调节方式。

顾亚男也笑着对孙媛媛说:"小姑娘,别想太多了。张主任刚才说过了,这是一种正常的心理和生理现象,只要不过度伤害身体健康,不影响工作,没有人责备你的。"

## 12. 案中案

顾亚男她们回来后再找罗小燕推心置腹地谈了一次话。关于自己的身体，罗小燕甚为吃惊，表示并不知情，从小被按照女孩抚养，她（他）并不知道自己实际是男性，只是也曾因为从未来过月经而感到奇怪，但因女舞蹈演员大多乱吃避孕药来推迟经期，所以罗小燕就认为可能是因为自己从小就跟着年龄大的女演员乱吃避孕药以抑制月经，造成了月经失调所致，反正她只想一辈子跳舞，不想结婚，更不想生孩子，所以也就不太在意。

随着年龄的增长，罗小燕对男性越来越没有兴趣，反而越来越对女性感兴趣。她承认，每当她（他）看到漂亮女孩时，总会有一种冲动感。罗小燕以为

爱之魂

自己是同性恋，就更不想跟男人结婚了。

罗小燕承认，作为教师，自己有失师德，与多名女学生发生了性关系，但她（他）真的不知道自己实际上是男性，更不知道自己会使女学生怀孕，她（他）以为这虽不道德，却只是女性之间的性游戏，不伤大雅。只是在与女学生发生性关系时，感到一种从未有过的快感，不能控制自己，结果双方都难以自拔。罗小燕说着，痛哭流涕，甚为自责。为稳定罗小燕的情绪，顾亚男给她倒了一杯水。罗小燕慢慢喝着水，情绪渐渐平静下来。

现在雷小娅一案已真相大白，李娜一案也似乎可以得到解释了。那天，李娜与罗小燕发生性关系后，并未得到满足，因为罗小燕毕竟发育不完全，而李娜又是过来人，体验过性交的欢愉。熄灯后，大家都已进入梦乡，李娜又偷偷地自慰手淫，不想猛地被顾亚男发现，羞愧难当，惊恐万分，引发心脏病发作，心悸而亡。

案情虽然已经明了，但在法律上却是一片空白，无能为力。罗小燕在自己也不知道自己是男性的情况下，与多名女学生双方自愿地发生了性关系，这既算不得强奸，也算不得任何形式的性侵害，纵然应该受到道德的谴责，但在法律上却无法定罪。

至此似乎可以结案了,但顾亚男一直不解的是党建华一案究竟与罗小燕有没有关系?很多的疑点使顾亚男始终不能释怀。

罗小燕走后,顾亚男提取了罗小燕留在水杯上的指纹和唾液,送到技术室做鉴定。

# 爱之魂
## 尾声

如何区分同卵双胞胎的 DNA 与指纹依然是世界难题。

## 13.DNA 与指纹

党建华与罗小燕究竟是不是双胞胎？只凭收养时的时间、地点是不够的，还必须要有确实的证据，其实只要作一个 DNA 鉴定就可以知道了。DNA 是一种长链聚合物，英文名称为 deoxyribonucleic acid，中文叫脱氧核糖核酸，其组成单位称为四种脱氧核苷酸，也叫碱基（即 A-腺嘌呤 G-鸟嘌呤 C-胞嘧啶 T-胸腺嘧啶），而糖类（五碳糖）与磷酸分子借由酯键相连，组成其长链骨架，排列在外侧，四种碱基排列在内侧。每个糖分子都与四种碱基里的其中一种相连，这些碱基沿着 DNA 长链所排列而成的序列，可组成遗传密码，指导蛋白质的合成。

1984 年英国莱斯特大学的遗传学家 Jefferys 及

其合作者首次将分离的人源小卫星DNA用作基因探针，同人体核DNA的酶切片段杂交，获得了由多个位点上的等位基因组成的长度不等的杂交带图纹，这种图纹极少有两个人完全相同，故称为"DNA指纹"，意思是它同人的指纹一样是每个人所特有的。

由于DNA指纹图谱具有多位点性、高变异性、简单而稳定的遗传性，因而自其诞生就引起了人们的重视，表现出巨大的实用价值。DNA指纹图谱的高变异性和体细胞稳定性可用于鉴定个体，这对法医学上鉴别犯罪分子和确定个体间的血缘关系极有价值。此外，其简单的遗传性可用来鉴定亲子关系，其多位点性可用来检测目标基因组的病变及治疗等过程中的改变情况，等等。

提取了罗小燕留在喝水杯子上唾液中的DNA后，与从党建华遗物上提取的DNA相对比，发现两者竟然完全相同，并且，党建华的性染色体也是46XY，男性，这就证明了党建华与罗小燕是同卵双胞胎兄弟，不是异卵双胞胎兄妹。

既然是同卵双胞胎兄弟，党建华当年的尸检也证明，党建华与罗小燕一样，也是性器官发育异常。这就可以解释党建华为什么从来不交女朋友的原因了。由于性器官发育异常，党建华内心里有一种深深的自卑感，虽然有许多女性喜欢他，但他却不敢与任何女性单独接触，不敢与女性深入交往。

令顾亚男不解的是，罗小燕指纹鉴定的结果与当年刺死党建华刀柄上的指纹完全相同，也就是说，罗小燕的指纹与党建华的指纹完全相同。既然罗小燕与党建华的DNA完全相同，指纹也完全相同，那么，究竟谁才是杀害党建华的真正凶手呢？党建华究竟是自杀还是他杀呢？

带着这一疑问，顾亚男一行拜访了某大学生物研究中心的刘主任，刘主任告诉她们说，

我们都知道，指纹是独一无二的，并且它们的复杂度足以提供用于鉴别的足够特征。指纹除了具有唯一性外，还具有遗传性和不变性。

指纹是人类手指末端指腹上由凹凸的皮肤所形成的纹路。指纹能使手在接触物件时增加摩擦力，从而更容易发力及抓紧物件。是人类进化过程中自然形成的。目前尚未发现有不同的人拥有相同的指纹，所以每个人的指纹也是独一无二。由于指纹是每个人独有的标记，近几百年来，罪犯在犯案现场留下的指纹，均成为警方追捕疑犯的重要线索。现今鉴别指纹方法已经电脑化，使鉴别程序更快更准。

由于每个人的遗传基因均不同，所以指纹也不

同。然而，指纹的形成虽然主要受到遗传影响，但也有环境因素，当胎儿在母体内发育三至四个月时，指纹就已经形成，但儿童在成长期间指纹会略有改变，直到青春期14岁左右时才会定型。在皮肤发育过程中，虽然表皮、真皮，以及基质层都在共同成长，但柔软的皮下组织长得比相对坚硬的表皮快，因此会对表皮产生源源不断的上顶压力，迫使长得较慢的表皮向内层组织收缩塌陷，逐渐变弯打皱，以减轻皮下组织施加给它的压力。如此一来，一方面使劲向上攻，一方面被迫往下撤，导致表皮长得曲曲弯弯，坑洼不平，形成纹路。这种变弯打皱的过程随着内层组织产生的上层压力的变化而波动起伏，形成凹凸不平的脊纹或皱褶，直到发育过程中止，最终定型为至死不变的指纹。有人说骨髓移植后指纹会改变，那是不对的。除非是植皮或者深达基底层的损伤，否则指纹是不会变的。

"既然指纹是独一无二的，也就是说，每个人的指纹都是不一样的，这个我们懂。但是，我们不能理解的是，为什么罗小燕与党建华的指纹却是一模一样呢？"顾亚男不解地问道。

"这对我们也是一个难题，"刘主任回答说，"这样吧，我先给你们讲一个案子。这个案子与你们的

案子有很多相似之处。"

接着,刘主任讲述了这样一个案子:

在某地曾经有一个12岁的小女孩被奸杀,警方在被害人身上提取到的DNA直指邻家一对双胞胎兄弟,而这对兄弟竟然是同卵双胞胎(一般双胞胎都是异卵双胞胎),也就是说,他们是由同一个卵子受精发育而成。他们不仅外貌高度近似,细胞核内的DNA也是完全相同的,当然,指纹也完全相同。区分同性同卵双生一直是一个世界难题。那么,他们之中到底谁是凶手呢?

我们也有法医,也有DNA检测手段,但是他们弟兄俩是同卵双胞胎,DNA链完全一致,如何把他们俩区分开,以确定谁是真凶,目前我们警方的技术手段无法达到。

作为专门的DNA分型科研机构,这也是我们首次接触这种案例,虽然区分同卵双生的DNA是一个世界难题,但经过中心科研人员的集体研究,还是决定将这个课题接下来。

在查阅大量文献的基础上,我们决定采用两种方式,试图找出兄弟俩的DNA的不同之处。首先考虑的是"抗体库基因差异"法。人一旦出生后,总是生活在一定的环境中,即便是同卵双胞胎的"先

天条件"一致,但他们后天生活的环境一定会有所差异,在这样的不同的生活环境中,个人将随着环境形成自己特有的抗体库基因。"人体会针对不同的抗原,比如花粉、灰尘等,经过基因重排,产生不同的抗体。"刘主任说,可以采集弟兄俩的血样,找出两人抗体库基因的差异,然后再从作案现场留下的物证中提取相应的体液,看现场体液到底和谁的抗体库基因相吻合,这样就可以找出凶手。

另外还可以采取"甲基化修饰差异"法。刘主任说,"甲基化修饰"广泛存在于人体细胞的基因组的各个片段,从而决定这个基因的表达情况。"打个比方吧,如果把这对双胞胎兄弟的身体看成是同单元、同户型的两栋房子,他们先天方面完全一致,但是后期'主人'对自己房子的装修会和他人截然不同。"他说,"甲基化修饰"正是造物主这个"主人"对他们兄弟俩的身体使用了不同的"装修材料。同卵双胞胎也存在表型差异,一个能喝酒,另一个可能喝点酒就醉;一个爱说爱笑,另一个可能比较沉默……这些都是基因片段表达情况的不同造成的。"刘主任说,其中的影响因素之一就是"甲基化修饰"。所以可以通过对全基因组甲基化修饰情况进行一个扫描,在一种特殊芯片技术的帮助下,基因位点的甲基化修饰情况就可以通过大量的光点明暗不同的方式表现出来，如果确定了两兄弟各自特异的甲基化修饰"光点"，然后针对这个光点去分析现场遗留物的生物物证，进而可以区分这对同卵双胞胎。

刘主任说，我们用这两种方法，分析了罗小燕与党建华的指纹。表面看来，两人的指纹完全相同，就连专业人士也看不出有什么不同。但仔细分析对比两人基因组的各个片段，还是能够看出两人指纹的极微小的差异，这是因为两人的后天环境不同造成的。

"我们在对罗小燕与党建华的DNA做仔细分析时，惊讶地发现罗小燕的其中一个DNA基因座出现了三带型嵌合突变。"刘主任说，这种突变出现在受精卵首次分裂之后、胚层形成之前。据统计，在人群中出现的几率在万分之一左右。同卵双生子中，VWA这个基因座的三带嵌合体突变，这个发现在国际上尚属首次。

罗小燕这个基因座的突变，也使得检测变得更为简单，"我们经过对比发现，在党建华的DNA中，这个基因座没有发生突变。"刘主任说，经过仔细核查辨认，最后确定了留在刀柄上的指纹是罗小燕的指纹，不是党建华自己的指纹。

问题很清楚了,党建华死于他杀,是罗小燕杀死了党建华。然而,令人不解的是,从当年现场勘察的情况看,现场的脚印中除党建华自己和同室同事的脚印外,并未发现有任何其他人的脚印,也没有发现门窗有被破坏的迹象,那么,罗小燕是如何进入,又是如何离开的呢?

不管怎样,有了指纹的认定,就是有了铁的证据。顾亚男一行依法对罗小燕的住室进行了搜查。结果,在罗小燕的衣箱中找到了党建华的骨灰盒。

顾亚男指着党建华的骨灰盒问罗小燕:"你杀死了党建华。可是,党建华是你的亲哥哥呀!你为什么要杀死党建华?"

罗小燕不觉已泪流满面,他(她)痛苦地回忆起了那个可怕的夜晚:

## 14. 真相大白

我受伤以后已无法再做舞蹈演员，因生活所迫，我只好开了一个形体训练班，勉强度日。回想起来，那时真的是好艰难。首先是形体班的学生不好招，我只好印了一些小广告，每天下课后四处去散发。

那天晚上，下课后我来到了科技大学散发我的形体班广告。我去的时候天已经快黑了，学生们已经下课了，老师们也都下班回家了。我在学校转了一圈，也没发出去几张广告，我感觉灰心了，正准备回家，不觉顺脚走到了数学教研室，见里面还亮着灯，就不禁上前敲了敲门，想再最后试一下。

"请进。"里面应了一声，我便推开了门，见一位老师正背对着我在桌上专心地写着什么。听见门响,他转过身来看了一眼。就在我们四目相对的时候,一刹那,双方都惊呆了。

太不可思议了!简直就像是在照镜子。我看到这位老师不但长得跟我一模一样,甚至就连发型、衣服、袜子和鞋都是一模一样。不但样式一样,连新旧程度都是一模一样。

人们都说双胞胎有心灵感应,虽然我们从来没有见过面,甚至根本不知道有对方的存在,但我们的心灵感应却一直存在,我们在同一天不约而同地梳着同样的发型,穿着同样的衣服,同样的袜子,同样的鞋,就是明证。

"啊,我明白了,所以当时现场没有发现有任何外人的脚印,原来是穿着同样的鞋,而且是同样的磨损程度。"顾亚男不觉脱口而出。

我从小就听人说过,我有一个双胞胎哥哥,但从来没见过,也完全不知道他的下落。我知道,现在这个人很可能就是我那从来没见过面的哥哥。这时,我早已忘记我是干什么来了,只是急于想知道眼前这个人他究竟是谁,叫什么名字?

而党建华似乎并不知道有我这样一个双胞胎的妹妹,他只是愣了一会儿,便很快恢复了常态。他只是冷冷地说:"你有什么事?"

"你是谁？你叫什么名字？"我急切地问道。

"我是谁与你有什么相干？你究竟有什么事？如果没事的话，请你出去！"党建华似乎有点不耐烦了。

这时，我看到在党建华的桌子上摆满了学生的考试卷子，显然，他正在批改学生的考试卷子。我还看到，在这些卷子旁边，有一个大本子，好像是他的工作笔记，上面好像写有他的名字，但离得太远，我看不清楚。

于是，我急步上前，想看清楚笔记本上的名字。党建华急忙用手挡住，不让我看。我真的急了，就上手去抢，想把本子抢过来。党建华就急忙来夺，就这样，你抢我夺的，互不相让。我怎么也抢不过来，心里越发着急，看到桌上有一把水果刀，我连想都没想，神使鬼差地就顺手拿起来刺了过去。党建华哼了一声倒下了，我也顾不上看党建华究竟怎样了，只是急匆匆地看了一眼笔记本上党建华的名字就赶快逃走了。

回到家里，心里还一个劲地砰砰乱跳，不知党建华伤得重不重，心里放心不下，第二天一大早，就又偷偷进入科技大学，在数学教研室外面不远处悄悄打探消息。只见数学教研室外面拉起了警戒线，有很多警察进进出出地忙碌着。老师们则三三两两地围在不远处观看,只听有的老师小声地说"党老师死了"。我顿时觉得天旋地转,眼前发黑,没想到,我竟亲手杀死了我的亲哥哥!

后来,我每天都悄悄地躲在附近观察、打探。党建华遗体火化的那天,我也悄悄地跟到了火葬场。你们走后,我悄悄地偷走了党建华的骨灰盒……

至此,一切都已真相大白,罗小燕以过失杀人罪被捕入狱。顾亚男因破案有功,再记三等功一次,女子刑警队立集体二等功。

太阳升起了,新的一天又照常开始了。

www.ingramcontent.com/pod-product-compliance
Lightning Source LLC
LaVergne TN
LVHW091934070526
838200LV00068B/1034